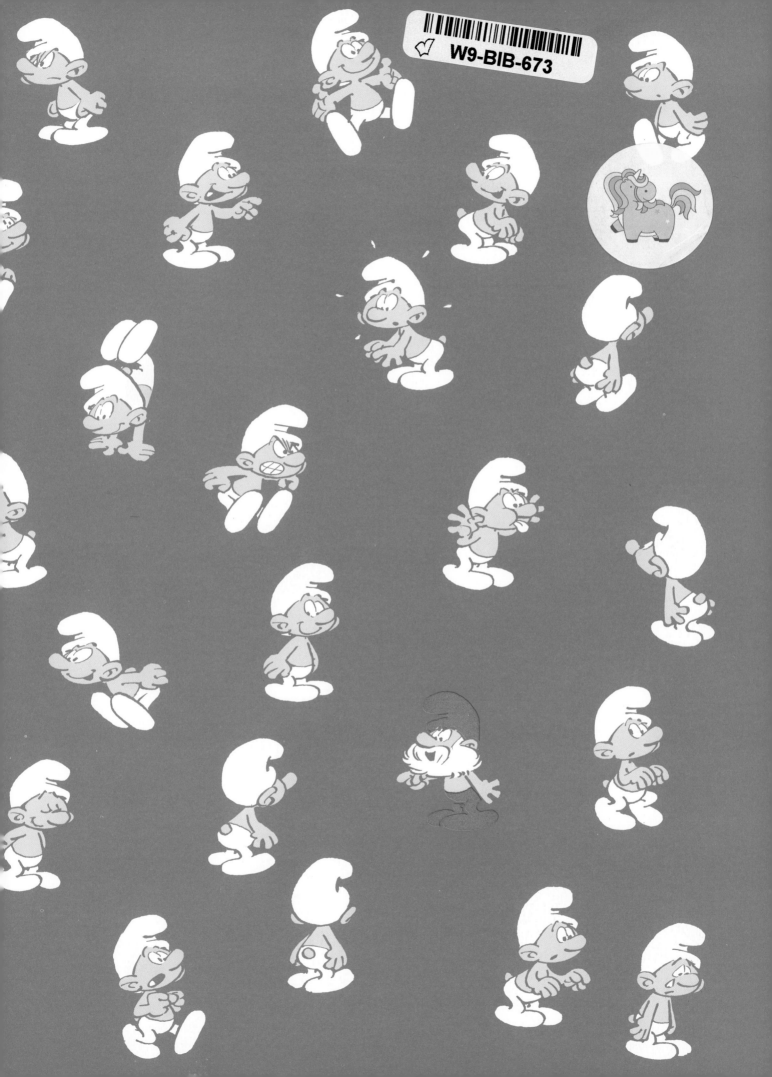

DOCTEUR SCHTROUMPF

Scénario de Luc Parthoens et Thierry Culliford.
Dessin d'Alain Maury, encré par Luc Parthoens.
Couleurs de Nine et du Studio Léonardo.

LE LOMBARD
BRUXELLES

Représenté par :
I.M.P.S. s.a.
Rue du Cerf 85
1332 Genval
Belgique

D/1996/0086/3509
ISBN 978-2-8036-1216-1

R 10/2014

Dépôt légal : octobre 1996
Imprimé en Union européenne par Canale

LES ÉDITIONS DU LOMBARD
7, AVENUE PAUL-HENRI SPAAK
1060 BRUXELLES - BELGIQUE

Pour être tenu informé de la date de parution
du prochain album, profitez de notre service d'alerte.
Rendez-vous sur www.lelombard.com/alertes.

W W W . L E L O M B A R D . C O M

www.schtroumpf.com

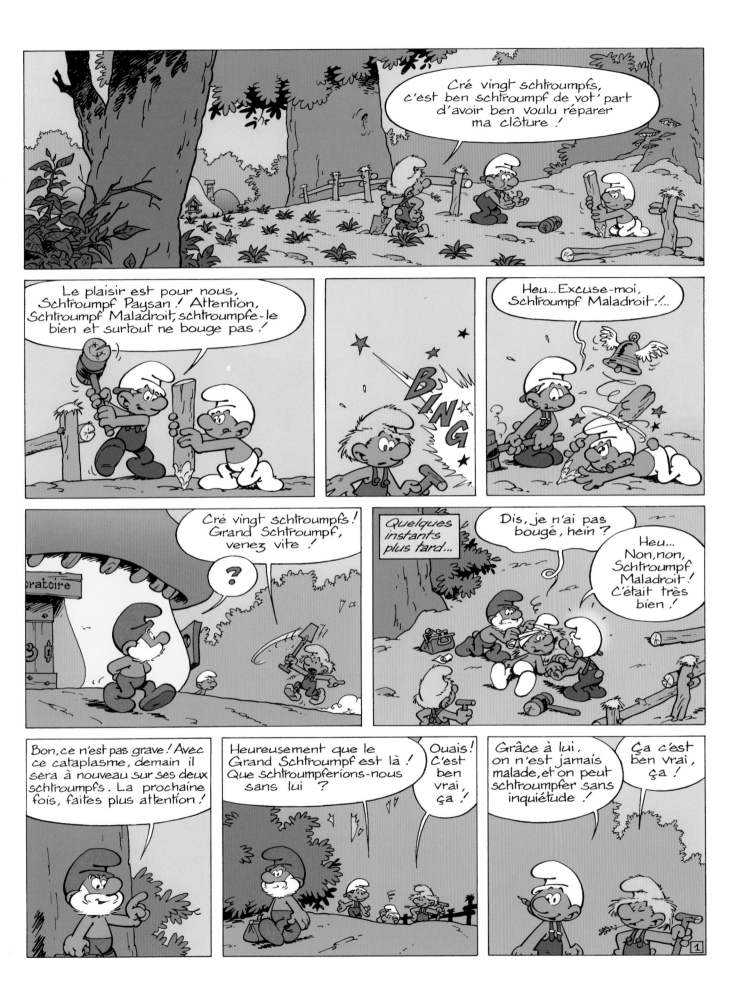

3

5

6

7

8

9

Ce soir, avant d'aller te coucher, tu schtroumpferas deux gouttes de cette potion ! Si demain cela ne schtroumpfe pas mieux, la médecine ne peut rien pour toi !

Suivant !

Pendant ce temps, dans le laboratoire...

Non, rien à faire ! Cela ne schtroumpfe pas ! Il doit sûrement me manquer un ingrédient important !

Je suis trop schtroumpfé pour continuer... Je vais aller me reposer un petit peu...

CRIC CRAC

ATCHA !

?

Eh bien, eh bien, Schtroumpf Coquet !? Ça n'a pas l'air d'être la forme ! Aurais-tu schtroumpfé un rhume ?

SNIF

Ne vous inquiétez pas, Grand Schtroumpf ! Le Schtroumpf Médecin m'a ...a...A...A...

ATCHA !!

Pardon ! Il m'a prescrit une potion à schtroumpfer avant chaque repas !

SNIF

Le Schtroumpf Médecin, dis-tu ? Qu'est-ce que c'est encore que cette schtroumpferie ? Et il t'a prescrit ça ? Mais c'est ridicule !

GRAND SCHTROUMPF ! J'ai enfin schtroumpfé le salpêtre que vous m'avez demandé !

?

© Peyo

11

13

Chez le Schtroumpf Bricoleur...

Tout me semble parfait ! Tu peux reschtroumpfer ta salopette !

Wouuah ! C'est quand même curieux cette envie de dormir chaque fois après avoir schtroumpfé de ta potion !

?

Une envie de dormir? Chaque fois après avoir schtroumpfé la potion ? C'est bien ça ?

RRRRrrr ZZZZz

?

C'est incroyable ! Je viens de schtroumpfer un nouveau somnifère ! C'est bien la preuve que je suis fait pour être Schtroumpf Médecin !

ZZz

Bientôt, la popularité du Schtroumpf Médecin allait s'étendre de manière spectaculaire...

13

15

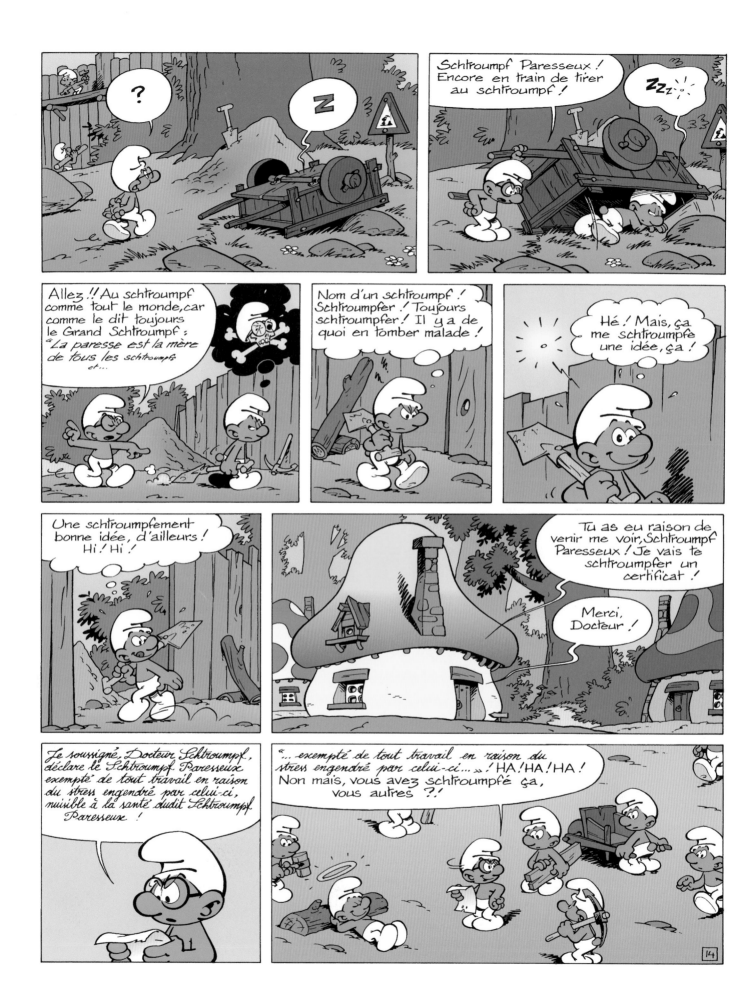

16

18

19

21

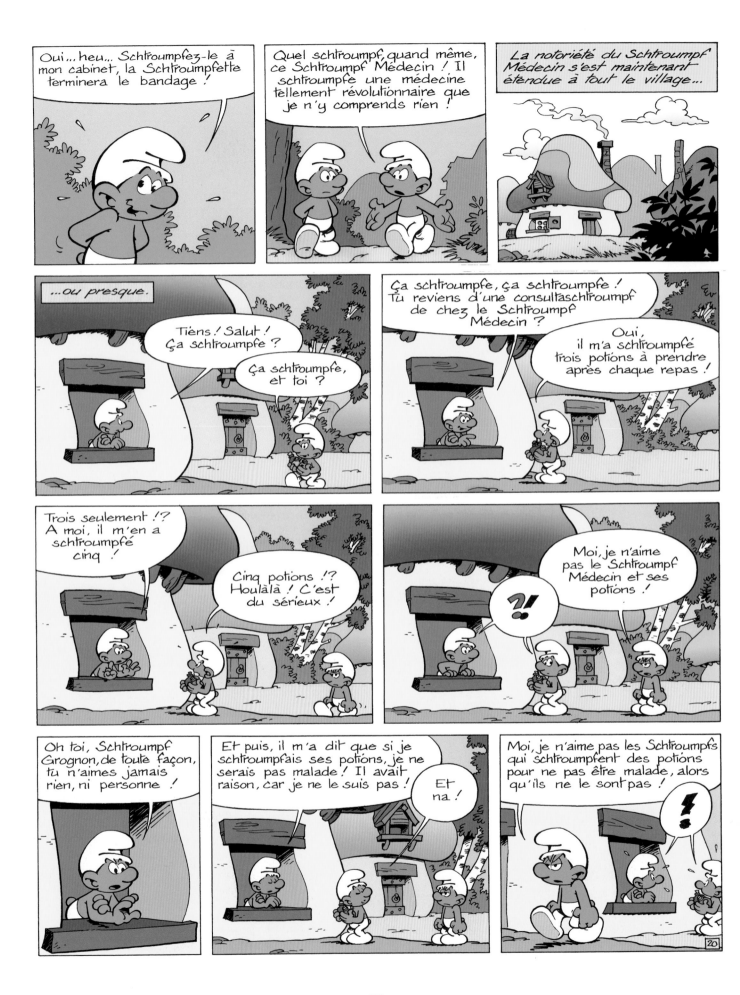

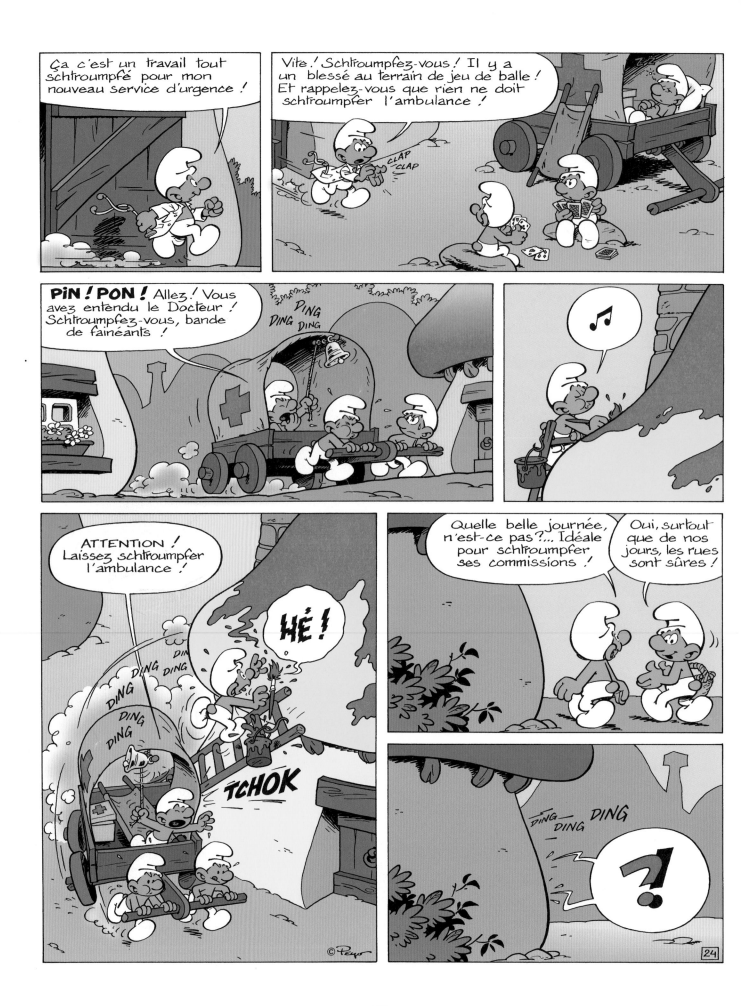

27

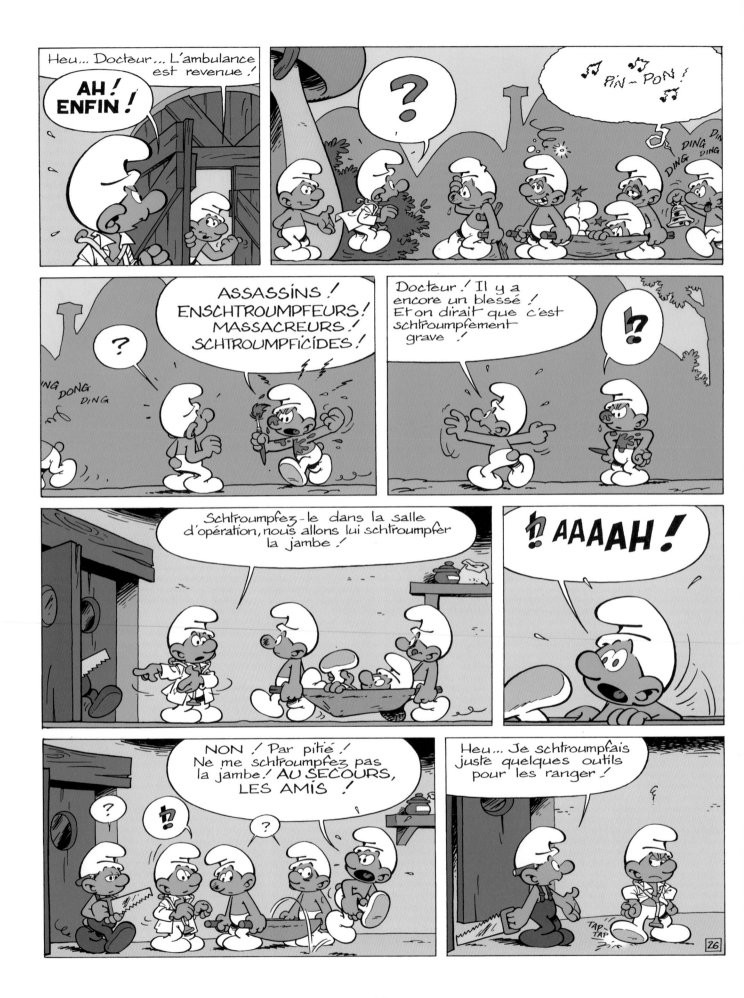

29

34

"L'Académie de Médecine schtroumpfique a l'honneur de schtroumpfer au Schtroumpf Médecin son diplôme de Docteur en Médecine.."

Qu'est-ce que c'est que ça, l'Académie de Médecine schtroumpfique?

C'est une assemblée d'honorables Schtroumpfs qui dit qui peut schtroumpfer la médecine, et qui ne le peut pas!

Et qui sont ces honorables Schtroumpfs membres de cette assemblée?

Oui! Qui?

Hum...C'est-à-dire que, pour l'instant, je schtroumpfe seul cette assemblée, car... hum, étant le seul Schtroumpf compétent... hum...

Eh bien, moi aussi, je schtroumpferai une Académie qui me schtroumpfera un diplôme!

Oui! Moi aussi!

Mais, c'est impossible! Vous ne pouvez pas!

C'est ce qu'on verra, cher confrère!

C'est ça, cher confrère!

Bientôt, il verra que la psychoschtroumpfie sera la médecine la plus schtroumpfée!

C'est ça! Bientôt, il verra que...?

Une minute! Je pense que tu voulais parler de l'acupuncschtroumpf!

Mais non! De la psychoschtroumpfie!

Ah non! Ne recommence pas!

Mais, c'est toi qui...

PSYCHOSCHTROUMPFIE! ACUPUNCSCHTROUMPF!

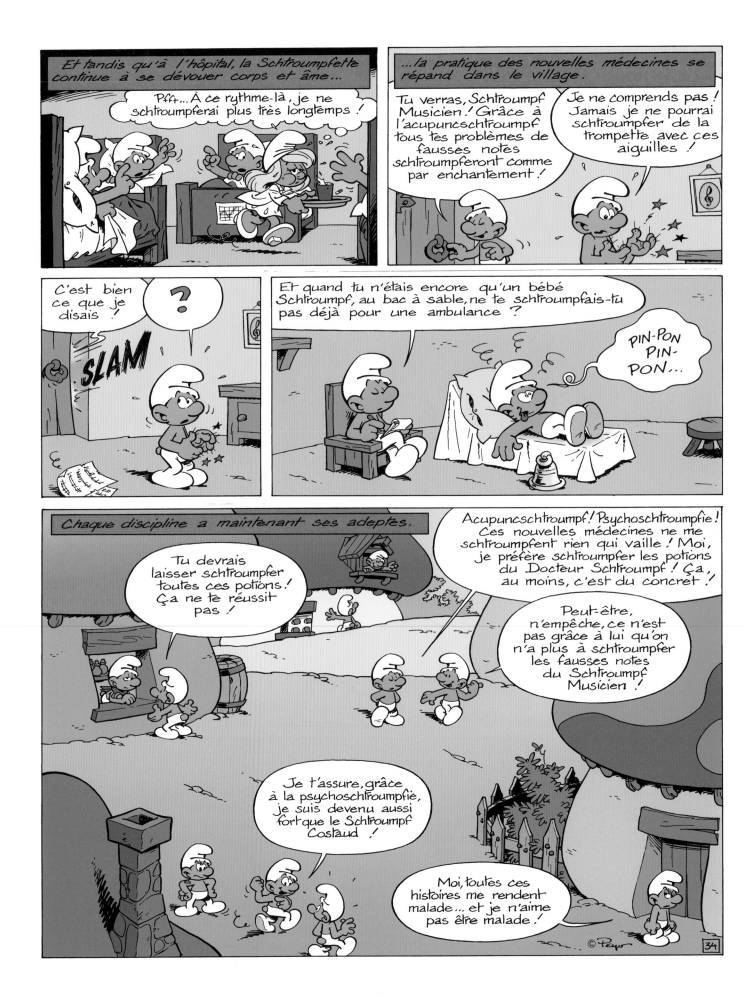

37

38

42

44

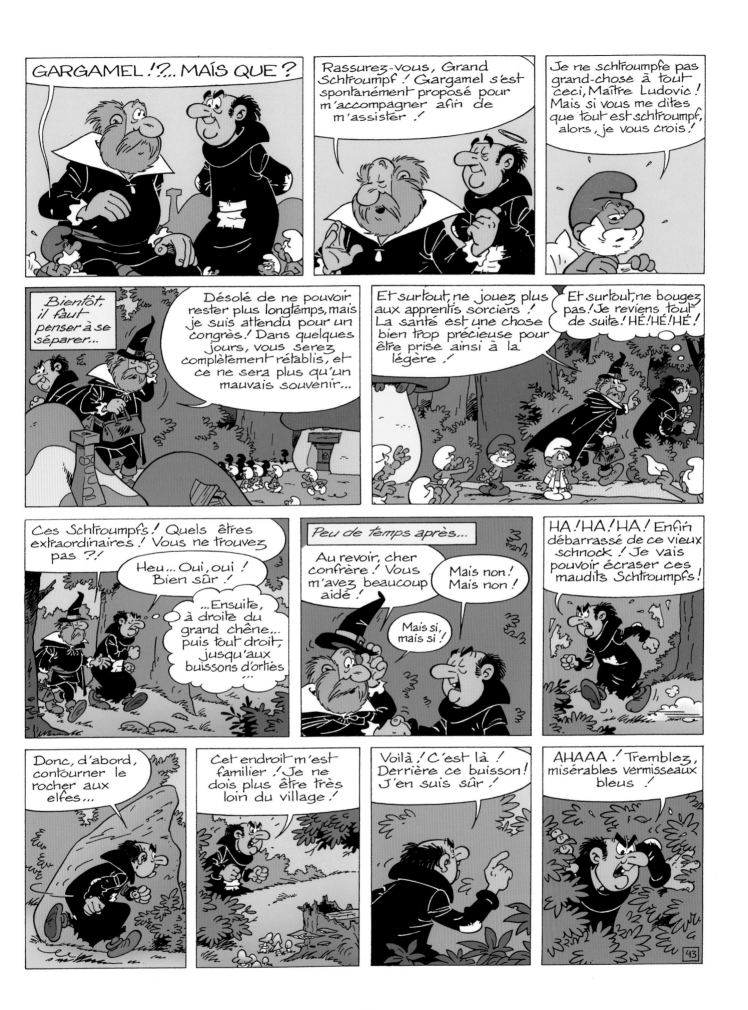

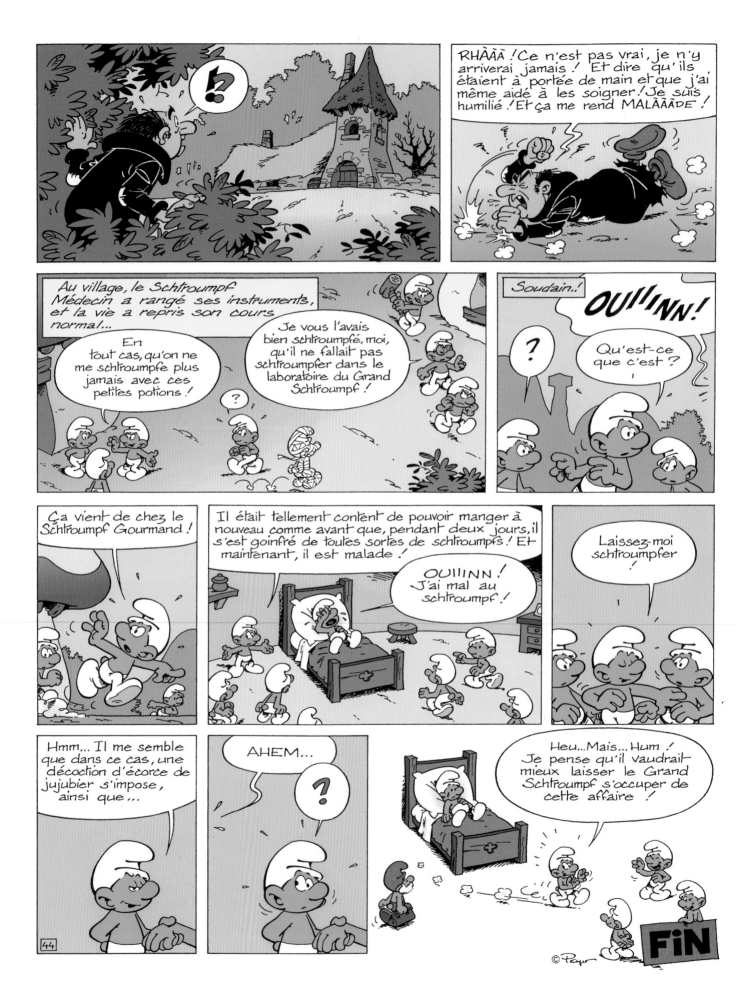